초등학교 4~6학년

초등학교

인성 456

윤문원 지음

씽크파워
THINK POWER

차례

책임

효

예절

습관

내가 가져야 할 인성

배려
존중
협동
정직

책임
효도
예절
습관

- 여덟 가지 인성덕목의 의미를 익힙시다.
- 여덟 가지 인성덕목의 여러 실천 행동을 익힙시다.
- 여덟 가지 인성덕목을 내가 잘 실천하고 있는지 생각해 봅시다.
- 여덟 가지 인성덕목을 내가 잘 실천하기 위한 다짐을 합시다.

배려는 다른 사람이 필요로 하는 것에 관심을 가지고 다른 사람을 도와주고 보살펴 주는 것을 말합니다. 이를 통해 다른 사람을 기쁘게 하고자 애쓰는 마음입니다. 사소한 친절을 베푸는 것에서부터 자신이 가진 것을 부족하거나 없는 사람에게 나누어 주는 것도 배려입니다.

배려의 구체적인 의미는 무엇일까요? 배려하는 사람은 어떤 사람일까요? 배려를 하고 나면 어떤 느낌이 들까요? 배려하는 행동에는 어떤 것이 있을까요? 함께 더불어 사는 사람들에게 따뜻한 사랑을 전해주는 배려를 공부해 봅시다.

- 배려란 무엇일까요?
- 배려하는 사람은 어떤 사람인가요?
- 배려하면 어떻게 될까요?
- 배려 실천하기
- 생각 넓히기
- 배려 이야기 | 전학 온 친구

배려란 무엇일까요?

사람만이 나눌 수 있는 아름다운 행위입니다.

대가를 바라지 않는 행위입니다.

다른 사람이 필요한 것에 대해 관심을 가지는 것입니다.

다른 사람에게 피해를 주지 않도록 신경을 쓰는 것입니다.

다른 사람에게 베푸는 것입니다.

다른 사람에게 친절하고 어질게 대하는 것입니다.

다른 사람에게 봉사하는 것입니다.

다른 사람에게 양보하는 것입니다.

다른 사람을 보살펴주고 도와주는 것입니다.

다른 사람을 기쁘게 하는 것입니다.

배려하는 사람은 어떤 사람인가요?

마음이 아름다운 사람입니다.

마음이 따뜻한 사람입니다.

착하고 선한 사람입니다.

자상한 사람입니다.

감싸주는 사람입니다.

나와 다른 사람을 존중해 주는 사람입니다.

배려하면 어떻게 될까요?

다른 사람을 즐겁게 합니다.

내 마음도 즐거워집니다.

기쁨을 함께 나누게 됩니다.

자신의 삶에 대한 보람과 긍지를 느낍니다.

다른 사람과 사이가 좋아집니다.

행복하고 기쁨이 넘칩니다.

내가 사는 공동체에 사랑이 넘칩니다.

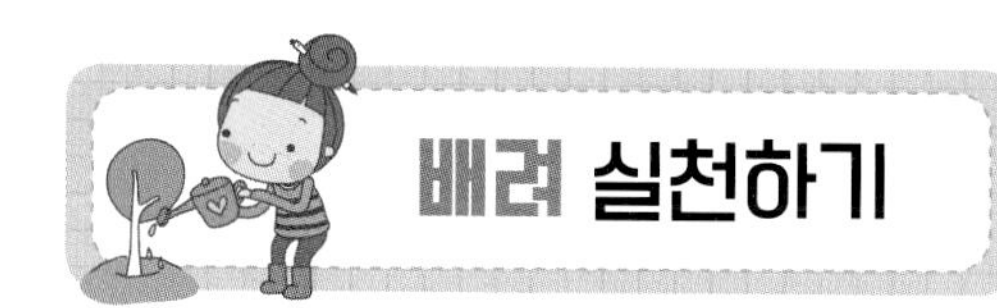

배려 실천하기

무거운 물건을 함께 들어줍니다.

☑ 무거운 물건을 함께 들어준 적이 있나요?

☑ 내가 들고 있는 무거운 물건을 친구가 함께 들어주면 어떤 기분이 들까요?

가족이나 손님이 벗어놓은 신발을
신기 편하게 방향을 돌려놓습니다.

☑ 내가 친구 집에 놀러 갔다 나올 때 신발이 신기 편하게 방향이 돌려져 있다면 어떤 기분이 들까요?

식사 후에 빈 그릇을 싱크대에 갖다 놓습니다.

☑ 평소 식사 후에 빈 그릇을 싱크대에 갖다 놓고 있나요?

☑ 식사 후에 빈 그릇을 싱크대에 갖다 놓으면 좋은 점을 말해 봅시다.

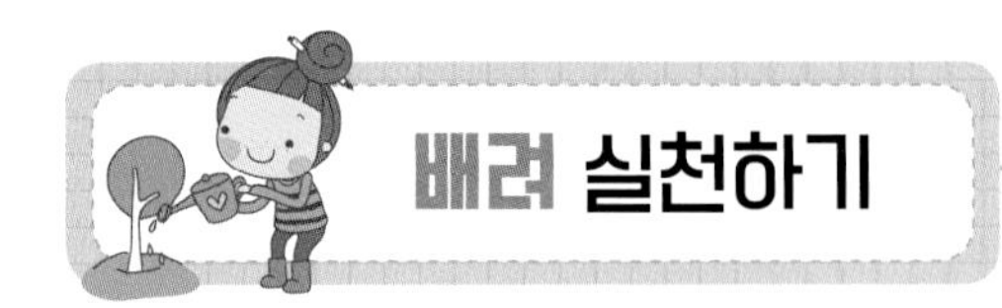

가족의 휴대전화를 충전하여 줍니다.

☑ 가족의 휴대전화를 충전해 주면 가족은 어떻게 느낄지 말해 봅시다.

☑ 나는 가족의 휴대폰을 충전해 준 적이 있나요?

가족이 평소 복용하는 약을 챙겨줍니다.

☑ 나는 가족의 약을 챙겨준 적이 있나요?

☑ 가족에게 약을 챙겨주면 가족은 어떻게 느낄지 말해 봅시다.

생각 넓히기

1 배려하는 행동에는 어떤 것이 더 있는지 적어 봅시다.

2 배려가 필요한 상황을 상상하여 적어 봅시다.

3 내가 앞으로 배려하겠다고 마음먹은 것을 적어 봅시다.

4 내가 사는 지역에서 어떤 봉사 활동을 하고 싶은지 적어 보세요.

5 봉사 활동을 할 때 어떤 마음가짐과 자세를 지녀야 할지 적어 보세요.

- 윤희가 훈주에게 어떤 배려를 했는지 살펴보고 나도 이런 상황에서 이렇게 실천합시다.

전학 온 친구

훈주가 전학을 와서 반장인 윤희의 옆자리에 앉게 되었습니다. 윤희는 훈주에게 친절하게 학교생활에 대해 설명해 주었습니다. 공부하는 내용 중에 잘 모르는 것이 있으면 가르쳐주고, 학용품을 빌려주고, 좋은 일에는 양보를 하는 등 여러 도움을 주었습니다.

훈주가 학교생활에 힘들어하면 위로도 해주고 함께 즐겁게 놀면서 반 아이들이 따돌리지 못하도록 했습니다. 훈주에게 놀리거나 욕을 하는 급우가 있으면 타이르면서 그러지 못하게 했습니다.

윤희와 훈주는 매일 아침에 등교하면 서로 "안녕!" 하면서 인사를 나누었습니다. 윤희는 훈주에게 계속해서 관심을 가지고 마음을 써주었습니다. 훈주는 급우들과 함께 어울리면서 재미있게 학교생활을 해나가게 되었습니다.

어느 날 훈주는 윤희의 배려에 대한 고마움을 카드에 써서 윤희에게 전했습니다.

인간은 누구나 세상에 단 하나뿐인 특별하고 소중한 존재입니다. 그러므로 인권을 가진 인간은 존중받아야 마땅합니다. 하지만 이 같은 사실을 모르고 함부로 행동하기도 합니다. 나를 포함한 다른 사람에게 존중하는 마음과 태도로 행동해야 합니다.

존중의 구체적인 의미는 무엇일까요? 나와 다른 사람을 어떻게 존중해야 할까요? 나와 다른 사람을 존중하면 어떻게 될까요? 존중하는 행동에는 어떤 것이 있을까요? 나와 다른 사람을 소중하게 여기기 위해서 존중에 대해 공부해 봅시다.

- 존중이란 무엇일까요?
- 존중에는 어떤 종류가 있을까요?
- 나를 존중하는 것은 어떤 것일까요?
- 나를 존중하면 어떻게 될까요?
- 다른 사람을 존중하는 것은 무엇일까요?
- 다른 사람을 존중하면 어떻게 될까요?
- 존중 실천하기
- 생각 넓히기
- 존중 이야기 | "나는 나를 사랑한다."

존중이란 무엇일까요?

소중하게 여기는 것입니다.

대단하게 여기는 것입니다.

귀중하게 생각하는 것입니다.

높이 받드는 것입니다.

인정하는 것입니다.

존중에는 어떤 종류가 있을까요?

나를 존중하는 것이 있습니다.

가족을 존중하는 것이 있습니다.

선생님을 존중하는 것이 있습니다.

친구를 존중하는 것이 있습니다.

다른 사람을 존중하는 것이 있습니다.

나를 존중하는 것은 어떤 것일까요?

나를 소중하게 생각하는 것입니다.

나를 사랑하는 것입니다.

나를 믿는 것입니다.

나에 대해 긍지를 갖는 것입니다.

나에 대해 자부심을 갖는 것입니다.

나의 꿈을 가지고 노력하는 것입니다.

나를 존중하면 어떻게 될까요?

나를 자랑스럽게 생각합니다.

나는 할 수 있다는 자신감을 가질 수 있습니다.

내가 하고 싶은 꿈을 향해 나아갈 수 있습니다.

나를 존중해야 다른 사람을 존중할 수 있습니다.

다른 사람을 존중하는 것은 무엇일까요?

다른 사람에게 관심을 가지는 것입니다.

다른 사람을 좋아하는 것입니다.

다른 사람을 소중하게 생각하는 것입니다.

다른 사람을 믿는 것입니다.

다른 사람을 인정하는 것입니다.

다른 사람을 존중하면 어떻게 될까요?

다른 사람을 위해 배려하고 봉사합니다.

다른 사람과 사이가 좋아집니다.

다른 사람이 나와 사귀기를 원하게 됩니다.

다른 사람도 나를 존중하게 됩니다.

존중 실천하기

상대방이 말하는 것을 경청합니다.

☑ 경청이란 무슨 뜻인지 말해 봅시다.

☑ 나는 상대방이 말할 때 경청을 잘하는지 말해 봅시다.

상대방에게 고운 말씨를 씁니다.
상대방에게 신경질이나 화를 내지 않습니다.

☑ 어떤 말씨가 고운 말씨인지 반복하여 연습해 봅시다.

☑ 나는 고운 말씨를 쓰고, 신경질이나 화를 잘 내지는 않는지 이야기해 봅시다.

존중 실천하기

시간 약속을 잘 지킵니다.

☑ 시간 약속을 잘 지키지 않으면 어떻게 되는지 말해 봅시다.

☑ 나는 시간 약속을 잘 지키는지 말해 봅시다.

가난한 친구의 형편을 헤아려줍니다.

☑ 가난한 친구의 형편을 헤아려 주는 방법에는 어떤 것이 있는지 말해 봅시다.

☑ 가난한 친구를 도와주고 난 후의 내 느낌은 어떨지 상상해 봅시다.

다문화 가정 친구의 행동을 잘 이해합니다.

☑ 나의 행동과 다문화 가정 친구의 행동이 다른 점은 어떤 것이 있나요?

☑ 나와 서로 다른 것을 왜 존중해야 하는지 말해 봅시다.

1 내가 소중한 이유는 무엇인지 적어 봅시다.

2 내가 잘하는 점에 대해 속으로 "정말 대단해" 하면서 적어 봅시다.

3 내가 부족한 점에 대해 속으로 "괜찮아, 힘내" 하면서 적어 봅시다.

4 나를 소중히 가꾸기 위한 약속을 적어 봅시다.

생각 넓히기

5 다른 사람을 존중하는 행동에는 어떤 것이 있는지 말해 봅시다.

6 다른 사람을 존중해야 하는 이유를 적어 봅시다.

7 내가 친구에게 하고 있는 존중 행동을 적어 봅시다.

● 자기 존중의 중요성을 인식하고 존중하는 방법을 실천해 봅시다.

" 나는 나를 사랑한다."

아버지는 준수에게 말했습니다.

"준수야, 네가 학교생활에 자신감을 가지기 위해서는 먼저 너 자신을 사랑하는 것이 중요해."

"네 아버지. 그런데 어떻게 하면 나를 사랑할 수 있나요?"

"매일 아침에 일어나서 등교하기 전에 거울을 보고 '나는 나를 사랑한다'를 여러 번 말해 봐."

"거울을 향해서 말하는 것이 쑥스러울 것 같은데요."

"처음 몇 번은 그럴 수 있지만 하다보면 자연스러워질 거야."

준수는 아버지 말씀대로 거울을 보고 실천을 했습니다. 한 달이 지나자 '나는 나를 사랑한다'는 말이 자연스러워지면서 자신이 대단한 사람인 것처럼 느껴졌습니다.

"아버지, 내가 대단한 사람인 것처럼 느껴지면서 자신감이 생겨요."

"그래, 바로 이것이 너 자신을 존중하는 거야. 너 자신을 존중해야 다른 사람이 너를 깔보지 않고 너를 존중하게 되어 있어. 그리고 나를 먼저 존중해야 다른 사람을 존중할 수 있지."

사람은 사회적 동물로서 혼자서는 살아갈 수 없습니다. 서로 협동하면서 살아가야 합니다. '백지장도 맞들면 가볍다'라는 속담처럼 협동하면 쉬운 일은 더 쉬워지고 어려운 일도 쉽게 해낼 수 있습니다. 개인이 아무리 큰 능력을 가지고 있어도 서로 협동하지 않으면 일을 제대로 할 수 없습니다. 가정에서부터 학교, 군대, 직장 등 협동이 이루어지지 않는 곳은 한 곳도 없습니다.

협동의 구체적 의미는 무엇일까요? 왜 협동하지 않으면 안 될까요? 협동하는 행동에는 어떤 것이 있을까요? 서로의 마음과 능력을 합하여 성과를 내기 위해서 협동을 공부해 봅시다.

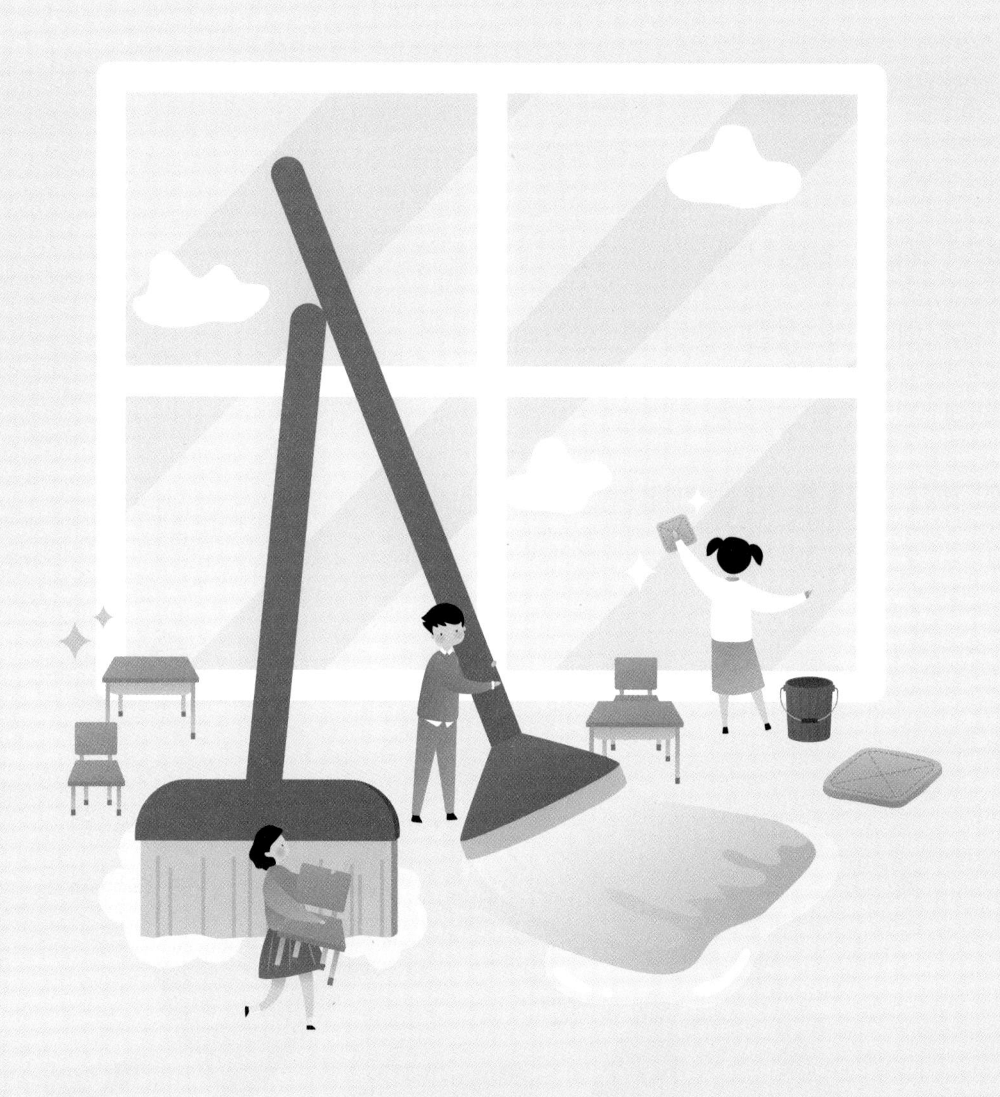

- 협동이란 무엇일까요?
- 왜 협동해야 할까요?
- 협동 실천하기
- 생각 넓히기
- 협동 이야기 | 개미의 협동심

협동이란 무엇일까요?

함께 하는 것입니다.

서로 마음과 힘을 합하는 것입니다.

서로 돕는 것입니다.

일정한 성과를 만들어내는 것입니다.

왜 협동해야 할까요?

혼자서는 할 수 없는 일을 해낼 수 있습니다.

혼자 하는 것보다 쉽게 더 잘할 수 있습니다.

다른 사람이 하는 것을 보고 배울 수 있습니다.

함께 발전할 수 있습니다.

협동심을 길러 바른 사람으로 성장할 수 있습니다.

양보하고 배려하는 마음을 기를 수 있습니다.

협동 실천하기

무거운 물건을 함께 듭니다.

☑ 나는 협동하여 친구의 무거운 물건을 잘 들어주는지 말해 봅시다.

☑ 친구가 나의 무거운 물건을 함께 들어준다면 느낌이 어떨지 말해 봅시다.

어려운 과제물을 친구와 함께합니다.

☑ 과제물을 친구들과 얼마나 함께하는지 말해 봅시다.

☑ 과제물을 함께 하면 혼자 했을 때와 어떻게 다를까요?

함께 연주하거나 합창할 때
협동하여 아름다운 화음을 냅니다.

☑ 악기 연주나 합창을 할 때 어떻게 협동하는지 말해 봅시다.

단체 운동 경기를 할 때
협동하여 승리하도록 합니다.

☑ 단체 운동 경기에서 협동하지 않으면 어떻게 될까요?

☑ 운동 경기에서 협동한 경험을 말해 봅시다.

연극을 할 때 맡은 역에 최선을 다합니다.

☑ 동화 연극에서 협동한 경험을 말해 봅시다.

☑ 연극, 영화, 드라마에서 협동하지 않으면 어떻게 될까요?

집안일을 식구들이 함께합니다.

☑ 나는 평소 어떤 집안일을 도와주고 있는지 말해 봅시다.

협동 실천하기

협동하여 일할 때 “감사합니다”
“즐겁습니다”라는 말을 합니다.

☑ 내가 하는 일에 친구의 도움을 받을 때 감사함을 표현하는지 말해 봅시다.

1 **친구와 할 수 있는 협동에는 어떤 것이 있을까요?**

내가 친구에게 협동할 수 있는 것	친구가 나에게 협동할 수 있는 것

2 협동하는 행동에는 어떤 것이 더 있는지 적어 봅시다.

3 내가 협동한 일에 대하여 적어 봅시다.

- 협동은 인간만이 아니라 꿀벌과 개미도 합니다. 개미를 통해 협동의 엄청난 성과를 인식합시다.

개미의 협동심

아프리카 밀림에 개미떼가 출몰하면 힘세고 사나운 동물인 코끼리와 사자도 개미떼를 피해 도망갑니다.

맹수들이 개미떼를 무서워하는 것은 개미 한 마리 한 마리의 힘이 아니라 협동심 때문입니다.

개미는 지극히 작습니다. 하지만 수많은 개미가 힘을 합쳐 공격하면 아무리 맹수라도 뼈만 남습니다.

사람도 마찬가지로 혼자가 가진 아무리 작은 능력이라도 협동하여 힘을 합하면 엄청난 힘이 생깁니다.

우리는 부모님이나 선생님으로부터 귀가 따갑도록 "정직해라"는 말을 듣고 있습니다. 정직은 사람이면 누구에게나 요구되는 덕목입니다. 정직의 반대인 거짓은 나쁜 짓이며 정직하지 않은 사람은 믿을 수 없는 사람입니다. 정직하지 않으면 마음 놓고 살 수 없으며 어떤 일도 제대로 이룰 수도 없으며, 나중에 정직하지 못한 것이 밝혀지면 큰 낭패를 당합니다.

정직의 구체적인 의미는 무엇일까요? 왜 정직하지 않으면 안 될까요? 정직한 행동에는 어떤 것이 있을까요? 당당하게 살아가기 위해서 정직을 공부합시다.

- 정직이란 무엇일까요?
- 왜 정직해야 할까요?
- 정직 실천하기
- 생각 넓히기
- 정직 이야기 | 보석보다 빛나는 정직

정직이란 무엇일까요?

올바른 마음을 가지는 것입니다.

잘못된 꾸밈이 없는 것입니다.

속이지 않고 솔직한 것입니다.

거짓말을 하지 않는 것입니다.

사실대로 말하는 것입니다.

거짓 행동을 하지 않는 것입니다.

이치에 맞게 행동하는 것입니다.

양심을 속이지 않는 것입니다.

왜 정직해야 할까요?

떳떳할 수 있기 때문입니다.

마음이 편안할 수 있기 때문입니다.

올바른 사람이 되기 때문입니다.

믿을 수 있는 사람이 되기 때문입니다.

죄를 저지르지 않는 행위이기 때문입니다.

나중에는 이익으로 돌아오기 때문입니다.

행복해지기 때문입니다.

정직 실천하기

부모님이나 선생님께서 묻는 말에
사실대로 말합니다.

☑ 사실대로 말하지 않을 때의 느낌은 어떨까요?

☑ 거짓말이나 거짓 행동은 왜 나쁜지 말해 봅시다.

부모님께 돈을 달라고 할 때
사용 목적을 바르게 말합니다.

☑ 사용 목적을 속이고 돈을 달라는 행동은 왜 해서는 안 될까요?

☑ 나는 돈을 달라고 할 때 사용 목적을 바르게 말하고 있나요?

잘못을 저질렀을 때는 거짓 변명을 하지 않고
잘못했다고 말합니다.

☑ 잘못을 저질렀을 때는 왜 잘못을 시인해야 할까요?

☑ 나는 잘못을 저지르고 거짓 변명을 한 적이 없는지 말해 봅시다.

시험을 칠 때 친구에게 답안을 보여주거나
친구의 답안을 보지 않습니다.
시험 점수가 틀리게 매겨졌을 때는 솔직하게 말합니다.

☑ 시험을 칠 때 친구의 답안을 보거나 보여준 적이 있는지 말해 봅시다.

☑ 시험에서 틀린 것을 맞다고 채점하여 점수가 실제보다 높게 나왔을 때 어떻게 할 것인지 말해 봅시다.

정직 실천하기

물건을 주웠을 때 주인에게 돌려주도록 합니다.

☑ 아주 값비싼 물건을 주웠다면 어떻게 할 것인지 말해 봅시다.

☑ 주운 물건을 돌려주고 난 후의 내 기분은 어떨까요?

거스름돈을 잘못 받았을 때는 솔직하게 말합니다.
거스름돈을 적게 받았을 때는 차액을 돌려받습니다.
거스름돈을 많이 받았을 때는 차액을 돌려줍니다.

☑ 거스름돈을 많이 받았을 때 어떻게 할 것인지 말해 봅시다.

생각 넓히기

1 양심에 비추어 부끄러웠던 일 한 가지를 쓰고 어떤 점을 깨달았는지 적어 보세요.

2 학교 생활애서 양심 발휘가 필요한 곳은 어디이며, 그 이유는 무엇인지 말해 보세요.

3 부모님에게 거짓말을 했다면 내 마음은 어떠했는지 말해 보세요.

4 길에서 지갑을 주웠다면 어떻게 해야 할지 말해 보세요.

● 정직한 행동의 본보기를 보면서 정직한 행동을 실천합시다.

보석보다 빛나는 정직

추운 겨울에 한 어머니가 옷 가게에서 외투 한 벌을 샀습니다. 집에 돌아와 입어보면서 주머니에 손을 넣었는데 잡히는 것이 있었습니다. 꺼내보니 보석이었습니다. 어머니는 "그냥 가질까? 돌려줄까?" 하고 고민에 빠졌습니다.

어머니는 평소에 지혜롭고 정직한 할아버지를 찾아가서 "어떻게 하면 좋겠습니까?" 하고 물었습니다.

할아버지는 "외투를 산 것이지 보석까지 산 것은 아니니 손자를 데리고 옷가게에 가서 돌려줘. 그러면 보석보다도 훨씬 귀중한 정직함을 아이에게 물려주게 될 것이야."

나는 '내 탓이야'가 아니라 '네 탓이야'를 자주 말하고 있지는 않습니까? 사람은 누구나 각자의 위치에서 중요한 책임을 맡고 있습니다. 그 책임을 소홀히 할 때 우리가 살아가는 공동체는 엄청난 혼란을 겪게 됩니다. 책임을 다하면 자신과 공동체의 안정과 발전에 큰 도움이 됩니다.

책임의 구체적인 의미는 무엇일까요? 책임지는 자세가 왜 중요할까요? 책임을 다하는 행동에는 어떤 것이 있을까요? 자신과 공동체의 안정과 발전을 위해서 책임에 대하여 공부합시다.

- 책임이란 무엇일까요?
- 왜 책임지는 자세를 가져야 할까요?
- 책임 실천하기
- 생각 넓히기
- 책임 이야기 | 쓰레기 분리수거

책임이란 무엇일까요?

앞장서서 모범을 보이는 것, 즉 솔선수범하는 것입니다.

내가 해야 할 일을 끝까지 맡아서 하는 것입니다.

내가 맡은 일에 최선을 다하는 것입니다.

내가 한 약속을 지키는 것입니다.

나 때문에 잘못되었을 때는 잘못을 인정하는 것입니다.

왜 책임지는 자세를 가져야 할까요?

주어진 일을 잘 해낼 수 있습니다.

우리가 사는 세상이 행복하고 발전합니다.

우리가 사는 세상이 혼란에 빠지지 않습니다.

다른 사람이 믿고 따릅니다.

학교에서 반장 등 직책을 맡았을 때
최선을 다해 수행합니다.

☑ 나는 학교와 가정에서 내가 맡은 일을 책임지는 자세로 최선을 다하고 있는지 말해 봅시다.

집에서 동생을 돌보는 일을 맡았을 때
정성을 다합니다.

☑ 나는 집에서 동생이나 애완동물을 돌볼 때 최선을 다하는지 말해 봅시다.

돈이나 물건을 잃어버렸을 때 내 잘못이라고 반성하고
다시는 같은 잘못을 반복하지 않습니다.

☑ 나는 같은 실수를 반복하고 있지는 않은지 말해 봅시다.

☑ 돈이나 물건을 잃어버린 적이 있다면 그때 어떤 마음이었는지 말해 봅시다.

내가 학교에서 맡은 청소는 대충하지 않고
꼼꼼하게 합니다.

☑ 나는 학교에서 맡은 청소를 꼼꼼하고 정성껏 하는지 말해 봅시다.

책임 실천하기

도서관에서 빌린 책을 더럽히지 않고
기한 내에 반납합니다.

☑ 나는 도서관에서 빌린 책을 더럽히지 않고 기한 내에 잘 반납하고 있는지 말해 봅시다.

심부름이나 숙제를 메모하여
빠짐없이 실천합니다.

☑ 나는 심부름이나 숙제를 철저히 하는지 말해 봅시다.

1 내가 가정과 학교에서 맡은 책임은 무엇인지 적어봅시다.

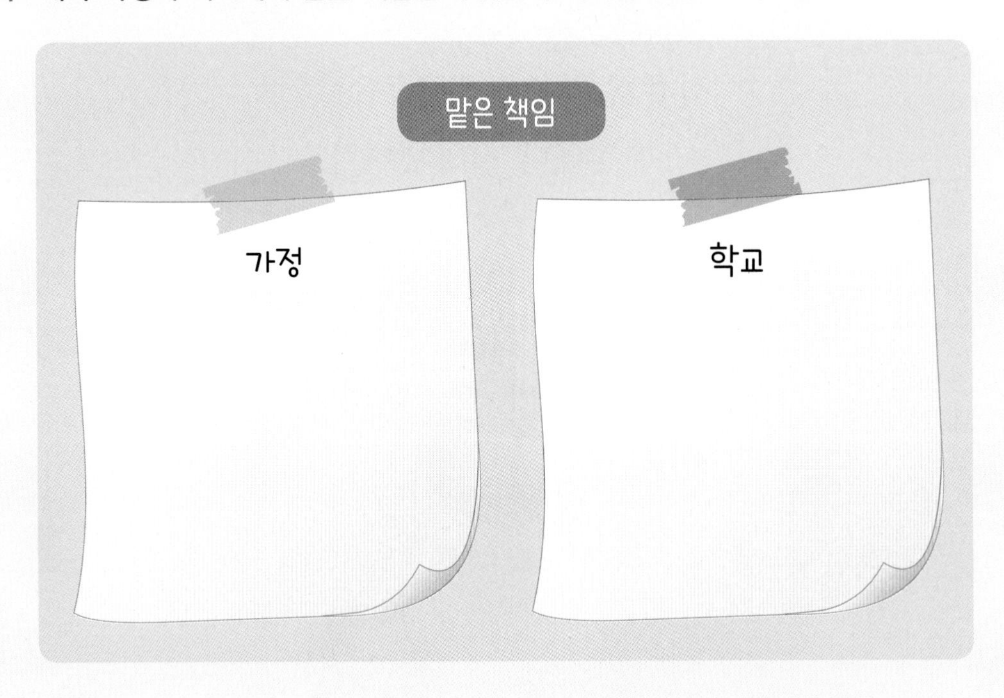

2 소방관이나 경찰관이 책임을 다하지 않는다면 우리가 사는 세상은 어떻게 될지 말해 봅시다.

3 책임을 넣어 짧은 글을 지어 보세요.

● 꾸준하게 책임을 다하는 마음을 가꾸어 봅시다.

쓰레기 분리수거

종호 가족은 각자가 맡은 집안일을 열심히 합니다. 종호는 쓰레기 분리수거를 맡았습니다.

종호는 매일 한 바구니에는 신문이나 종이 등 폐지를 넣고 다른 한 바구니에는 빈 병이나 플라스틱이나 캔을 넣습니다. 그리고 분리된 쓰레기를 내놓는 정해진 요일에 두 바구니를 들고 정해진 장소에 가져다 놓습니다.

오랜 기간 종호가 자신이 맡은 쓰레기 분리수거를 꾸준히 하는 모습을 지켜본 부모님은 칭찬하면서 종호가 신고 싶어 하는 신발을 선물했습니다.

효는 부모를 정성껏 잘 섬기는 자녀의 도리입니다. '효(孝)'라는 글자는 '노(老)'에 아들 '자(子)'가 합쳐진 말로 자식이 나이든 부모를 모신다는 뜻입니다. 우리는 부모님을 사랑하면서 공경하는 효를 실천해야 합니다. 부모는 자녀를 사랑하고 자녀는 부모 사랑에 보답하기 위해서 효도해야 합니다.

효란 무엇이며 왜 효도해야 할까요? 효는 어떻게 실천해야 할까요? 부모의 사랑을 잊지 않고 편안하게 해 드리는 도리를 다하기 위해서 효를 공부해 봅시다.

- 효란 무엇일까요?
- 왜 효도해야 할까요?
- 효 실천하기
- 생각 넓히기
- 효 이야기 | "엄마, 함께 걸으실래요?"

효란 무엇일까요?

부모님을 사랑하고 정성을 다하는 것입니다.

부모님을 자랑스럽게 생각하는 것입니다.

부모님을 섬기고 공경하는 것입니다.

부모님을 기쁘게 하는 것입니다.

부모님의 신체를 편안하게 해드리는 것입니다.

부모님 말씀을 잘 따르는 것입니다.

가정의 화목을 위해 최선을 다합니다.

형제자매 간에 정답게 지냅니다.

왜 효도해야 할까요?

나를 낳아주셨기 때문입니다.

나를 길러주시기 때문입니다.

나를 보살펴주시기 때문입니다.

나를 사랑하시기 때문입니다.

나에게 헌신적이시기 때문입니다.

나에게 희생적이시기 때문입니다.

부모님을 자랑스럽게 생각합니다.

☑ 아버지에 대한 자랑거리를 말해 봅시다.

☑ 어머니에 대한 자랑거리를 말해 봅시다.

☑ 나는 부모님을 자랑스럽게 생각하고 있는지 말해 봅시다.

부모님이 시키는 심부름을 잘합니다.
부모님이 하시는 말씀을 잘 듣고 따릅니다.

☑ 나는 부모님이 시키는 어떤 심부름을 잘하는지 말해 봅시다.

☑ 나는 부모님이 하시는 어떤 말씀을 잘 듣고 따르는지 말해 봅시다.

효 실천하기

부모님께 학교에서 배운 것과 그날 있었던 일들에 대해 많은 대화를 합니다.

☑ 부모님과의 대화 내용에는 어떤 것이 있는지 말해 봅시다.

☑ 나는 부모님과 많은 대화를 하고 있는지 말해 봅시다.

학원이나 친구 집 등 어디를 갈 때는
가는 곳을 부모님께 알립니다.

☑ 부모님께 행선지를 알리지 않으면 어떻게 되는지 말해 봅시다.

☑ 나는 부모님께 행선지를 어떻게 알리는지 말해 봅시다.

효 실천하기

부모님이 주시는 선물을 받으면서
"감사합니다"라고 정중하게 말합니다.

☑ 나는 부모님께 감사드리는 마음을 어떻게 표현하는지 말해 봅시다.

부모님 생일에는 "생신을 축하합니다"라고 말합니다.
부모님 결혼기념일에는 "결혼기념일을 축하합니다"라고 말합니다.

☑ 부모님의 생일이 언제인지 기억하고 있나요?

☑ 부모님의 결혼기념일이 언제인지 기억하고 있나요?

☑ 부모님의 생일과 결혼기념일에는 어떻게 축하를 표현하고 있나요?

효 실천하기

내 생일에는 "나를 낳아주셔서 감사합니다"라고 말합니다.

☑ 내 생일은 언제인가요?

☑ 내 생일에는 부모님이 어떻게 축하해 주시나요?

☑ 내 생일에 부모님께 감사함을 어떻게 표현하고 있는지 말해 봅시다.

형제자매 간에 정답게 지내면서
부모님을 기쁘게 해드립니다.

☑ 나는 형제자매간에 어떻게 지내고 있는지 말해 봅시다.

생각 넓히기

1 내가 실천하고 있는 효도를 적어 봅시다.

2 내가 앞으로 실천할 효도를 적어 봅시다.

3 가족과 화목하게 지내는 실천 방법을 적어 봅시다.

- 인수의 행동을 통해 효도를 실천하는 방법을 익힙시다.

" 엄마, 함께 걸으실래요?"

초등학생 인수는 효성이 지극합니다.

학교에서는 선생님 말씀도 잘 듣고 친구들과의 사이도 좋고 공부도 열심히 하는 착한 아이로 칭찬이 자자하여 부모님 마음을 기쁘게 합니다.

집에서는 가끔 부모님 발을 씻어드리고 심부름도 잘하고, 청소와 설거지도 도와주어서 부모님을 신체적으로 편안하게 해드립니다.

하루는 인수가 학교에서 집으로 돌아와서 어머니 품에 안기며 "엄마, 함께 집 앞에 있는 공원을 걸으실래요"라고 말했습니다. 어머니는 흐뭇한 표정을 지으며 산책에 나섰습니다.

공원을 걸으면서 인수는 학교에서 오늘 상을 받았다는 이야기도 하고 학교에서 배운 것과 친구들과 있었던 일에 대하여 많은 이야기를 했습니다. 어머니도 자신의 초등학생 시절을 이야기해 주었습니다.

한참 동안 함께 걷고 나서 어머니는 사랑스러운 표정을 지으며 인수를 꼭 안아주고 식당에 가서 맛있는 식사를 했습니다.

예절

사람을 가리켜 "예의가 바르다"거나 "예의가 없다"는 말을 자주 합니다. 예절은 예의범절의 준말로 다른 사람을 존중하는 마음을 일정한 형식을 갖추어 표현하는 것입니다. 사람이 무인도에서 혼자 산다면 예절은 필요 없겠지만, 공동체에서 더불어 살아가므로 예절은 반드시 지켜야 합니다. 사람에게 예절이 없다면 동물과 다를 바가 없습니다.

예절이란 무엇일까요? 예절을 왜 지켜야 할까요? 예절 바른 사람은 어떻게 될까요? 예절을 실천하는 행동에는 무엇이 있을까요? 사람다운 사람이 되기 위해서 예절을 공부해 봅시다.

- 예절이란 무엇일까요?
- 왜 예절을 지켜야 할까요?
- 어떻게 해야 예절 바른 사람이 될까요?
- 예절 실천하기
- 생각 넓히기
- 예절 이야기 | 예절 바른 아이

예절이란 무엇일까요?

가장 기본적으로 가져야 할 인성입니다.

나를 낮추고 다른 사람을 높이는 것입니다.

다른 사람을 따뜻하고 밝게 대하는 것입니다.

예절을 통해서 사람의 됨됨이를 판단합니다.

말과 행동과 몸가짐에서 나타납니다.

왜 예절을 지켜야 할까요?

동물이 아닌 인간이기 때문입니다.

여러 사람이 함께 살아가기 때문입니다.

혼란에 빠지지 않고 질서를 지킬 수 있습니다.

인격을 지닌 훌륭한 사람이 됩니다.

내가 예절을 지켜야 상대방도 예절을 지킵니다.

상대방을 기쁘게 하며 나를 좋아하게 만듭니다.

어떻게 해야 예절 바른 사람이 될까요?

예절은 습관이 쌓여서 만들어집니다.

어릴 때부터 예절 바른 습관을 길들입니다.

공손하게 말합니다.

겸손하게 행동합니다.

단정한 몸가짐을 합니다.

예절 바른 사람을 본받아 그대로 합니다.

예절에 대한 책을 읽습니다.

대화할 때, 전화할 때, 인터넷, 스마트폰에서
고운 말과 글을 씁니다.

☑ 평소 비속어를 얼마나 자주 사용하나요?.

☑ 사이버에서 선한 댓글·악성 댓글을 단 적이 있다면 어떻게 달았나요?

단정한 몸가짐을 합니다.

☑ 단정한 몸가짐에는 어떤 것이 있는지 말해 봅시다.

☑ 나는 단정한 몸가짐을 어떻게 하는지 말해 봅시다.

시간 약속과 말한 것에 대한 약속을 지킵니다.

☑ 왜 약속을 지켜야 하는지 말해 봅시다.

☑ 말과 행동이 일치하는 것이 왜 중요한지 말해 봅시다.

1 학교에서 실천해야 하는 예절에는 무엇이 있는지 적어 보세요.

2 가정에서 실천해야 하는 예절에는 무엇이 있는지 적어 보세요.

3 친구가 예절이 없는 행동을 하면 어떻게 해야 할지 적어 보세요.

● 지혜의 예절 바른 행동을 통해 예절을 실천하는 방법을 익힙시다.

예절 바른 아이

지혜는 예절 바른 아이로 소문이 났습니다.

윗사람을 만나면 "안녕하세요?", "안녕히 가십시오." 하고 다정한 말을 건네면서 인사합니다. 앉아서 고개만 까닥하지 않습니다.

윗사람에 대한 행동을 공손하게 하고 상냥하고 친절하게 행동합니다.

친구들에도 마찬가지로 예절을 지킵니다. 쓸데없이 친구의 일에 참견하지 않습니다.

지혜는 몸가짐도 단정합니다.

몸, 머리, 손톱, 치아를 깨끗이 합니다.

청결하고 단정한 옷차림을 합니다.

미소를 띤 밝은 표정을 짓습니다.

양말을 흘러내리지 않게 합니다.

신발을 구기지 않고 신발끈을 제대로 맵니다.

"세살 버릇 여든까지 간다"는 말이 있습니다. 어릴 때의 습관이 평생토록 간다는 뜻입니다. 버릇은 처음에는 보이지 않는 거미줄처럼 가늘지만 버릇을 계속 반복하다보면 나중에는 끊을 수 없는 단단한 밧줄처럼 습관이 되어 버립니다. 좋은 습관을 들이면 삶에 큰 도움이 되지만 나쁜 습관은 큰 방해가 됩니다. 나쁜 습관을 버리고 좋은 습관을 길들여야 합니다.

습관이란 무엇일까요? 왜 좋은 습관을 길러야 할까요? 좋은 습관을 어떻게 기르나요? 좋은 습관을 길러 아름다운 삶을 만들기 위해서 습관에 대해 공부해 봅시다.

- 습관이란 무엇일까요?
- 왜 좋은 습관을 길러야 할까요?
- 좋은 습관은 어떻게 기르나요?
- 습관 실천하기
- 생각 넓히기
- 습관 이야기 | 습관 설명

습관이란 무엇일까요?

반복적으로 하는 행동입니다.

저절로 이루어지는 행동입니다.

어떤 행동이든 습관이 될 수 있습니다.

좋은 습관, 나쁜 습관이 있습니다.

나쁜 습관은 고치기 어렵습니다.

나의 장래를 결정합니다.

왜 좋은 습관을 길러야 할까요?

좋은 생각을 할 수 있습니다.

좋은 행동을 할 수 있습니다.

건강한 사람이 될 수 있습니다.

훌륭한 사람이 될 수 있습니다.

장차 하고 싶은 꿈을 이룰 수 있습니다.

좋은 습관은 어떻게 기르나요?

나쁜 습관의 행동을 하지 말아야 합니다.

좋은 습관을 기르겠다는 마음을 먹고 행동합니다.

좋은 습관의 행동을 반복해서 계속합니다.

좋은 습관의 행동이 자연스러워질 때까지 합니다.

서 있거나, 앉거나, 걸을 때 자세를 바르게 합니다.

☑ 바른 자세를 취하지 않으면 어떻게 되는지 말해 봅시다.

☑ 나는 바른 자세를 위한 습관을 어떻게 길들이고 있는지 말해 봅시다.

습관 실천하기

올바른 식사 습관을 지닙니다.

바른 자세로 식사합니다.
음식을 골고루 꼭꼭 씹어서 먹습니다.
식사 후 먹은 그릇과 수저를 싱크대에 갖다 놓습니다.

☑ 올바른 식사 습관을 갖지 않으면 어떻게 되는지 말해 봅시다.

☑ 나는 어떤 식사 습관을 가지고 있는지 말해 봅시다.

깨끗한 몸가짐을 합니다.

항상 몸을 깨끗이 씻고 양치질을 꼼꼼하게 합니다.
깨끗한 옷을 입습니다.

☑ 깨끗한 몸가짐을 하지 않으면 어떻게 되는지 말해 봅시다.

☑ 깨끗한 몸가짐은 어떻게 해야 하는지 말해 봅시다.

용변 후에는 변기의 물을 내리고 손을 씻습니다.

☑ 용변 후 변기의 물을 내리고 손을 씻지 않으면 어떻게 되는지 말해 봅시다.

청소하고 물건을 제자리에 놓습니다.

내 방은 내가 청소합니다.
내 이부자리는 내가 가지런히 간추립니다.
내 옷을 제자리에 걸어놓습니다.
내 신발은 내가 가지런히 놓습니다.

☑ 나는 물건을 어떻게 정리하는지 말해 봅시다.

1 나의 좋은 습관과 나쁜 습관은 어떤 것이 있을까요?

그리고 더욱 좋은 습관을 기르기 위한 각오를 적어 보세요.

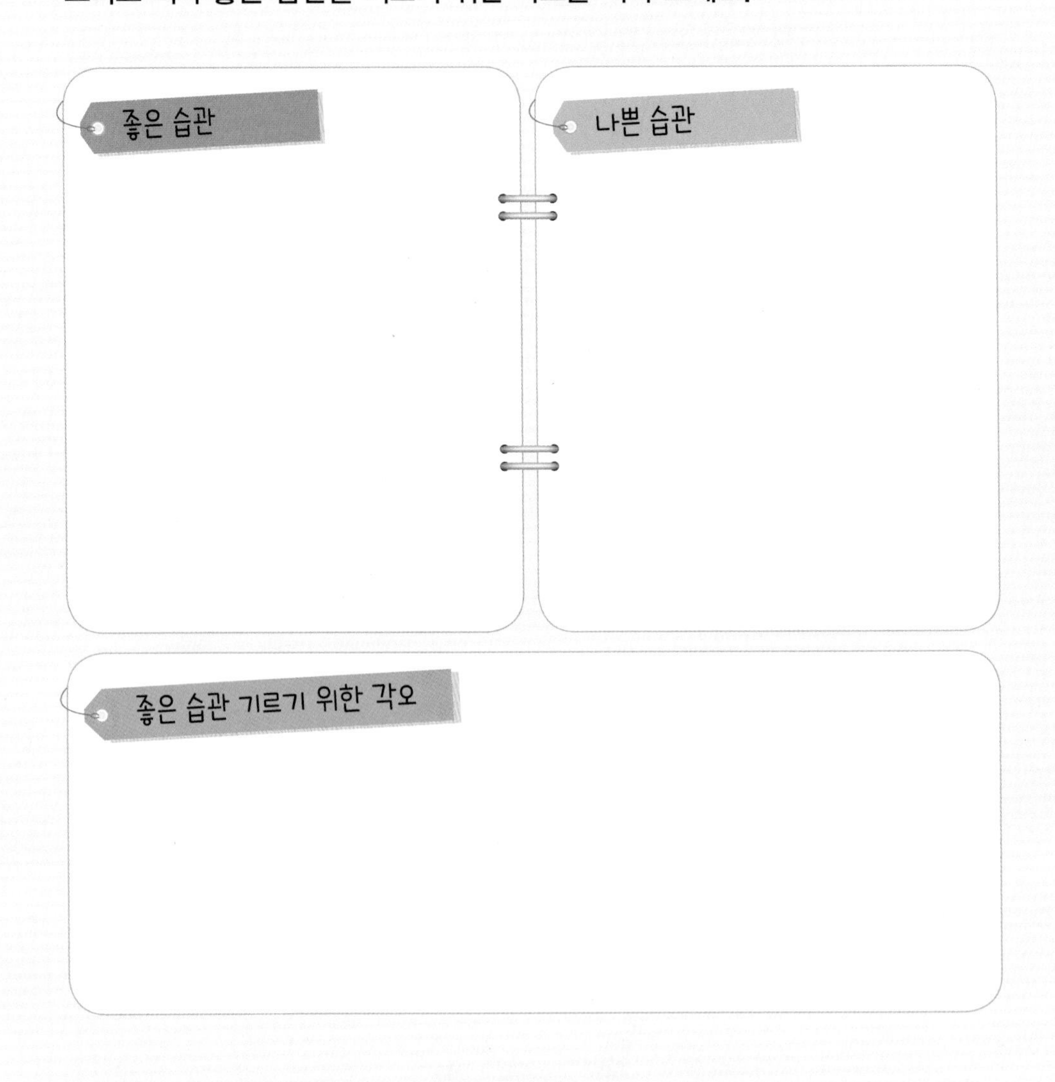

2 좋은 습관의 좋은 점과 나쁜 습관의 나쁜 점을 말해 봅시다.

● 습관이 어떻게 형성되는지 이해하면서 좋은 습관을 기르도록 합시다.

습관 설명

선생님이 학생들에게 습관에 대하여 설명합니다.

"습관은 여러분들이 학교로 오는 등굣길과 같은 거예요. 학교로 올 때 모르는 길보다는 잘 아는 길로 다니죠. 이것이 바로 습관이에요. 습관이 되면 저절로 습관에 따른 행동을 하게 됩니다."

그리고 선생님은 학생들에게 종이를 접게 하고 접힌 방향으로 살짝 힘을 가하게 했습니다. 자연스럽게 그쪽으로 종이가 접혔습니다.

"한 번 접힌 종이에 살짝 힘을 가해도 접힌 쪽으로만 접히죠. 종이가 접힌 것처럼 습관이 되면 자연스럽게 그렇게 되므로 좋은 습관이 그렇게 형성되도록 노력해야 합니다."

'인성' 이름을 가진 아이

배려
존중
협동
정직

책임
효도
예절
습관

✣ 동화를 읽고 생각해 봅시다.

- '인성'이라는 아이 이름에 담긴 뜻은 무엇인가요?
- 인성이는 이름을 지어준 나그네를 어느 마을 순서로 찾아 다녔나요?
- 인성이는 마을을 다니면서 마을마다 어떻게 행동했나요?
- 인성이의 이름을 지어준 사람은 누구인가요?
- 인성이 이름을 지어준 사람은 인성이를 만난 후 어떻게 했나요?
- 동화를 읽고 난 후의 각오를 말해 봅시다.

예전에 행복이 가득한 나라에 아이를 낳을 때가 가까워진 부부가 있었습니다. 이 부부는 깊은 산골에 살고 있었는데 이 부부의 집에 한 나그네가 들렀습니다. 부부는 나그네를 정성껏 대접하였습니다. 나그네는 사람이 가져야 할 좋은 품성에 대해 많은 이야기를 했습니다. 부부는 나그네의 이야기에 감동을 받고 태어날 아이의 이름을 지어달라고 부탁했습니다.

"세상을 아름답게 만드는 좋은 성품인 '인성'이 어떻습니까?"

나그네는 며칠 더 머무르다 예절 마을로 간다고 하면서 떠났습니다.

부부는 얼마 후 태어난 아이 이름을 '인성'이라 짓고 나그네의 가르침대로 아이를 길렀습니다.

세월이 흘러 아이는 10살이 되었습니다. 아이는 언제나 상냥하고 친절한 성품으로 마을에 소문이 자자했습니다. 어느 날 아이가 부모님께 물었습니다.

"제 이름은 무슨 뜻인가요?"

아버지가 대답했습니다.

"네 이름은 예전에 우리 집에 머물렀던 귀한 손님이 지어주셨단다. 세상을 아름답게 하는 좋은 성품을 가진 사람이 되라는 뜻이란다."

"제 이름이 그렇게 좋은 뜻이군요! 지금 그분은 어디에 계신가요?"

"예절 마을로 가신다고 말씀하셨단다."

"그분을 꼭 뵙고 싶어요. 그분을 찾으러 가도록 허락해 주세요."

아이는 부모님의 허락을 받고 나그네를 찾아 예절 마을로 떠났습니다.

예절 마을에 도착한 아이는 나무 아래 의자에 앉아있는 노인에게 가서 물었습니다.

"안녕하세요. 저는 제 이름을 지어주신 분을 찾고 있습니다. 오래 전에 그분이 이 마을로 가셨다는데 아십니까?"

노인은 아이의 예의 바른 태도를 칭찬하며 말했습니다.

"10년 전에 한 나그네가 예절 바른 아이가 찾아온다면 습관 마을로 갔다고 전해달라고 한 적이 있었지. 네 이름을 지어준 사람이 그 나그네 같구나."

아이는 공손하게 인사하고 습관 마을로 떠났습니다.

아이가 습관 마을에 도착한 시간은 늦은 저녁이었습니다. 아이는 이 마을에 하나밖에 없는 민박집을 찾아 들어갔습니다. 아이는 피곤했지만 깨끗하게 세수를 하고 양치질을 했습니다. 그리고 일기를 쓰며 하루를 정리하고 잠자리에 들었습니다.

다음날 아이는 일찍 일어나 산책을 하고 체조를 했습니다. 그 모습을 보고 있는 민박집 주인에게 아이가 물었습니다.

"저는 제 이름을 지어주신 분을 찾고 있어요. 10년 전에 이 마을에 와서 인성 이야기를 많이 하신 분을 기억하시나요?"

"예전에 이 집에 머물렀던 손님이 좋은 습관을 실천하는 '인성' 이름을 가진 아이가 오면 정직 마을로 오라고 전해달라고 했단다. 그 아이가 바로 너구나. 어서 정직 마을로 가 보거라."

아이는 짐을 챙겨 정직 마을로 떠났습니다.

정직 마을은 사막 한가운데에 있었습니다. 한참 동안 마을을 찾느라 목이 말랐던 아이는 마을에 들어서자마자 물 마실 곳을 찾았습니다. 때마침 물을 나누어 마시고 있는 아이들을 만났고 아이는 그곳에서 물을 얻어 마셨습니다.

목을 축이고 그늘에 앉아 쉬고 있는데 덩치가 큰 남자가 화를 내며 말했습니다.

"내 물을 훔쳐 마신 녀석을 찾아 혼쭐을 내줄 테다!"

남자가 들고 있는 물통은 조금 전 아이가 마신 물통이었습니다. 아이는 두려워하면서 남자에게 말했습니다.

"죄송해요. 저는 제 이름을 지어주신 분을 만나러 이 마을에 왔는데 너무 목이 말라 그만 그 물을 마셔버렸어요. 정말 죄송합니다."

아이의 말을 들은 남자는 놀란 표정으로 말했습니다.

"이렇게 정직한 아이가 있다니, 예전에 우리 마을에 찾아온 낯선 사람이 언젠가 정직한 아이를 보면 전해주라고 한 편지가 있단다. 네가 바로 그 아이인 것 같구나."

말을 마친 남자는 아이를 집으로 데려가 맛있는 음식을 먹이고 물을 가득 채운 물통과 함께 편지를 건네주었습니다. 그 편지에는 '책임 마을'이라고 쓰여 있었습니다.

아이는 책임 마을로 출발했습니다. 책임 마을로 가는 중에 아이는 어떤 여자의 부탁을 받았습니다.

"이 나무 상자를 책임 마을의 도서관에 전해줄 수 있겠니?"

아이는 대답했습니다.

"마침 제가 책임 마을로 가던 중이었어요. 제가 꼭 전해드릴게요."

아이는 나무 상자를 받아 들고 다시 길을 걸었습니다. 하지만 나무 상자는 생각보다 무거웠고 책임 마을까지 길은 멀었습니다.

도서관

어느새 밤이 되어 아이는 더 걷지 못하고 들에서 하룻밤을 지내게 되었습니다. 춥고 어두워 불을 피우고 싶었지만 태울만한 것이 없었습니다. 나무 상자를 태워서 불을 피울까 생각했지만 아이는 여자와의 약속을 기억하고 견뎌냈습니다. 날이 밝자 다시 길을 떠나 책임 마을에 도착했습니다.

아이는 도서관에 들러 상자를 도서관 사서에게 전해 주었습니다. 상자 안에는 책이 한 권 들어있었습니다.

"이 책에는 예전에 우리 마을을 방문했던 나그네가 전해준 아름다운 이야기들이 적혀 있단다. 무거운 상자를 들고 여기까지 와준 것을 보니 이 책이 너에게 꼭 필요할 것 같구나."

아이는 책을 받아 펼쳐보았습니다. 책에는 예절, 습관, 정직, 책임, 존중, 배려, 협동, 그리고 효도에 관한 이야기가 쓰여 있었습니다. 나그네가 어디로 갔는지 도서관 사서에게 묻자 그는 존중 마을로 떠났다고 말해 주었습니다.

아이가 도착한 존중 마을은 아름답고 예쁜 마을이었습니다. 이곳에 사는 사람들은 모두 부유하고 잘생기고 똑똑했습니다. 아이는 마을 사람들과 대화를 하며 그들의 모습과 지식을 칭찬해 주었습니다.

사람들은 아이의 칭찬에 기뻐했습니다. 하지만 이곳 사람들 중에 자신이 가장 잘났다고 생각해 남을 인정해주지 않는 사람들도 있었습니다.

이들은 아이와 이야기를 하면서 존중의 진정한 즐거움을 알게 되었습니다. 서로를 칭찬하면 더 즐거워진다는 것을 깨닫게 되었습니다.

존중 마을의 촌장이 아이를 불러 말했습니다.

“예전에 한 나그네가 존중을 실천하는 아이가 찾아오면 배려 마을로 가는 길을 가르쳐 주라고 당부한 적이 있었네. 어서 배려 마을로 가 보거라.”

마을 사람들은 금화를 걷어 아이에게 건네주었고 마을 입구까지 따라 나와 배웅해 주었습니다.

배려 마을에 도착한 아이는 깜짝 놀랐습니다. 존중 마을과는 달리 배려 마을에 사는 사람들은 너무나 가난했기 때문입니다. 아이는 존중 마을에서 선물로 받은 금화로 빵과 우유를 사서 배고픈 사람들의 집 앞에 가져다 놓았습니다. 그리고 책임 마을에서 받은 책을 학교에 기부했습니다. 아이는 존중 마을 사람들이 기분 나빠하지 않도록 이 모든 일을 몰래 했습니다. 사람들은 빵과 우유로 배를 채웠습니다. 그리고 기부 받은 책을 공부한 어른들은 아이들을 가르치기 시작했습니다.

마을 촌장 노인은 아이의 이러한 행동을 처음부터 지켜보고 있었습니다. 노인은 아이를 불러 말했습니다.

"너의 행동을 보니 예전에 이 마을을 찾은 나그네가 생각나는구나. 협동 마을로 가면 네가 만날 사람이 있을 것이다. 어서 협동 마을로 가 보거라."

그 말을 들은 아이는 공손하게 인사하고 협동 마을을 향해 떠났습니다.

협동 마을로 가는 길은 험난했습니다. 얼마 전 큰 홍수가 나서 시냇가의 나무다리들이 모두 휩쓸려 떠내려가 버렸기 때문이었습니다.

사람들은 짐을 머리에 이고 시내를 건너고 있었습니다. 아이도 가방을 머리에 이고 시내를 건너려 했습니다. 하지만 시냇물은 아이가 건너기엔 너무 깊었습니다. 아이는 협동 마을 사람들에게 함께 다리를 만들자고 이야기하였습니다.

사람들은 각자 건너가려고 했습니다. 하지만 아이가 열심히 나무를 모으며 재차 설득했습니다. 그러자 하나둘 사람들이 모여들기 시작했습니다. 사람들은 힘을 모아 나무다리를 만들었습니다. 모두가 편안하게 시내를 건널 수 있게 되었습니다.

사람들은 나무다리를 만들자고 제안한 아이를 칭찬하며 협동 마을로 함께 들어갔습니다.

아이가 사람들을 모아 나무다리를 만들게 했다는 이야기를 들은 협동 마을 사람들은 아이를 왕궁으로 데려갔습니다.

왕궁으로 들어간 아이는 왕 앞에 서게 되었습니다. 왕은 아이의 이름을 물었습니다.

"제 이름은 인성입니다. 저는 제 이름을 지어주신 분을 찾아 여기까지 왔습니다."

"내가 바로 네 이름을 지어준 사람이다. 부모님께서 너를 좋은 성품의 아이로 잘 키우셨구나. 이제 내 왕궁으로 와서 함께 살자꾸나."

그러나 아이는 주저하면서 말했습니다.

"제 이름을 지어주셔서 감사합니다. 하지만 제가 없으면 부모님께서 슬퍼하실 거예요. 이렇게 좋은 곳에서 저 혼자 살 수는 없어요. 저는 부모님께 돌아가겠습니다."

그 말을 들은 왕은 아이를 크게 칭찬하며 말했습니다.

"그것이 사람이 지녀야 할 좋은 품성 중 마지막인 효도란다. 어서 부모님을 모시고 왕궁으로 돌아오너라. 내가 너를 왕자로 삼을 것이다."

그리하여 아이는 부모님과 함께 왕궁에 살게 되었습니다. 시간이 흘러 아이는 왕의 자리를 물려받았고, 좋은 성품으로 오랫동안 나라를 아름답고 평화롭게 다스렸습니다.

지은이 _ **윤문원**

인성교육 전문가. 저서로 〈고등학교 인성〉①·②·③ 〈중학교 인성〉①·②·③ 〈초등학교 인성④⑤⑥〉 〈초등학교 인성①②③〉 〈인성교육 만세〉 〈유아 인성교육 만세〉 〈영화 속 논술〉 〈쫄지마 중학생〉 〈길을 묻는 청소년〉 〈인생에 그림이 찾아왔다〉 등이 있으며 저자의 글이 중·고등학교 교과서와 교사용 지도서 15곳에 게재되어 있다. 교육부 중앙교육연수원·교육청·학교·기업·단체 등에서 인성 강의를 하였다.

초등학교 인성 ❹❺❻

초판 1쇄 인쇄 | 2019년 3월 1일
초판 2쇄 발행 | 2022년 9월 30일

지은이 | 윤문원
펴낸이 | 심윤희
감수 | 정희찬
디자인 | 최은숙
삽화 | 신혁

펴낸곳 | 씽크파워
출판등록 | 2005년 10월 21일 제397-2018-10호
주소 | 서울특별시 성북구 보국문로 18길 19-7, 402호
전화 | 02-817 8046
팩스 | 02-817-8047
이메일 | mwyoon21@hanmail.net
ISBN 979-11-85161-21-1 (63190)

* 잘못된 책은 바꿔드립니다.
* 책값은 뒤표지에 있습니다.